THEODOR STORM

DIE REGENTRUDE
DER KLEINE HÄWELMANN

Zwei Märchen

HAMBURGER LESEHEFTE VERLAG
HUSUM/NORDSEE

INHALT

DIE REGENTRUDE

Einen so heißen Sommer, wie nun vor hundert Jahren, hat es seitdem nicht wieder gegeben. Kein Grün fast war zu sehen; zahmes und wildes Getier lag verschmachtet auf den Feldern.

Es war an einem Vormittag. Die Dorfstraßen standen leer; was nur konnte, war ins Innerste der Häuser geflüchtet; selbst die Dorfkläffer hatten sich verkrochen. Nur der dicke Wiesenbauer stand breitspurig in der Torfahrt seines stattlichen Hauses und rauchte im Schweiße seines Angesichts aus seinem großen Meerschaumkopfe. Dabei schaute er schmunzelnd einem mächtigen Fuder Heu entgegen, das eben von seinen Knechten auf die Diele gefahren wurde. – Er hatte vor Jahren eine bedeutende Fläche sumpfigen Wiesenlandes um geringen Preis erworben, und die letzten dürren Jahre, welche auf den Feldern seiner Nachbarn das Gras versengten, hatten ihm die Scheuern mit duftendem Heu und den Kasten mit blanken Krontalern gefüllt.

So stand er auch jetzt und rechnete, was bei den immer steigenden Preisen der Überschuss der Ernte für ihn einbringen könne. „Sie kriegen alle nichts“, murmelte er, indem er die Augen mit der Hand beschattete und zwischen den Nachbarsgehöften hindurch in die flimmernde Ferne schaute; „es gibt gar keinen Regen mehr in der Welt.“ Dann ging er an den Wagen, der eben abgeladen wurde; er zupfte eine Handvoll Heu heraus, führte es an seine breite Nase und lächelte so verschmitzt, als wenn er aus dem kräftigen Duft noch einige Krontaler mehr herausriechen könne.

In demselben Augenblicke war eine etwa funfzigjährige Frau ins Haus getreten. Sie sah blass und leidend aus, und bei dem schwarzseidenen Tuche, das sie um den Hals gesteckt trug, trat der bekümmerte Ausdruck ihres Gesichtes nur noch mehr hervor. „Guten Tag, Nachbar“, sagte sie, indem sie dem Wiesenbauer die Hand reichte, „ist das eine Glut; die Haare brennen einem auf dem Kopfe!“

„Lass brennen, Mutter Stine, lass brennen“, erwiderte er, „seht nur das Fuder Heu an! Mir kann's nicht zu schlimm werden!“

„Ja, ja, Wiesenbauer, Ihr könnt schon lachen; aber was soll aus uns andern werden, wenn das so fortgeht!“

Der Bauer drückte mit dem Daumen die Asche in seinen Pfeifenkopf und stieß ein paar mächtige Dampfwolken in die Luft. „Seht Ihr“, sagte er, „das kommt von der Überklugheit. Ich hab's ihm immer gesagt; aber Euer Seliger hat's alleweg besser verstehen wollen. Warum musste er all sein Tiefland vertauschen! Nun sitzt

Ihr da mit den hohen Feldern, wo Eure Saat verdorrt und Euer Vieh verschmachtet.“

Die Frau seufzte.

Der dicke Mann wurde plötzlich herablassend. „Aber, Mutter Stine“, sagte er, „ich merke schon, Ihr seid nicht von ungefähr hieher gekommen; schießt nur immer los, was Ihr auf dem Herzen habt!“

Die Witwe blickte zu Boden. „Ihr wisst wohl“, sagte sie, „die funfzig Taler, die Ihr mir geliehen, ich soll sie auf Johanni zurückzahlen und der Termin ist vor der Tür.“

Der Bauer legte seine fleischige Hand auf ihre Schulter. „Nun macht Euch keine Sorge, Frau! Ich brauche das Geld nicht; ich bin nicht der Mann, der aus der Hand in den Mund lebt. Ihr könnt mir Eure Grundstücke dafür zum Pfande einsetzen; sie sind zwar nicht von den besten, aber mir sollen sie diesmal gut genug sein. Auf den Sonnabend könnt Ihr mit mir zum Gerichtshalter fahren.“

Die bekümmerte Frau atmete auf. „Es macht zwar wieder Kosten“, sagte sie, „aber ich danke Euch doch dafür.“

Der Wiesenbauer hatte seine kleinen klugen Augen nicht von ihr gelassen. „Und“, fuhr er fort, „weil wir hier einmal beisammen sind, so will ich Euch auch sagen, der Andrees, Euer Junge, geht nach meiner Tochter!“

„Du lieber Gott, Nachbar, die Kinder sind ja miteinander aufgewachsen.“

„Das mag sein, Frau; wenn aber der Bursche meint, er könne sich hier in die volle Wirtschaft einfreien, so hat er seine Rechnung ohne mich gemacht!“

Die schwache Frau richtete sich ein wenig auf und sah ihn mit fast zürnenden Augen an. „Was habt Ihr denn an meinem Andrees auszusetzen?“, fragte sie.

„Ich an Eurem Andrees, Frau Stine? – Auf der Welt gar nichts! Aber“ – und er strich sich mit der Hand über die silbernen Knöpfe seiner roten Weste – „meine Tochter ist eben meine Tochter, und des Wiesenbauers Tochter kann es besser belaufen.“

„Trotzt nicht zu sehr, Wiesenbauer!“, sagte die Frau milde, „ehe die heißen Jahre kamen –!“

„Aber sie sind gekommen und sind noch immer da, und auch für dies Jahr ist keine Aussicht, dass Ihr eine Ernte in die Scheuer bekommt. Und so geht’s mit Eurer Wirtschaft immer weiter rückwärts.“

Die Frau war in tiefes Sinnen versunken; sie schien die letzten Worte kaum gehört zu haben. „Ja“, sagte sie, „Ihr mögt leider recht behalten, die Regentrude muss eingeschlafen sein; aber – sie kann geweckt werden!“

„Die Regentrude?“, wiederholte der Bauer hart. „Glaubt Ihr auch an das Gefasel?“

„Kein Gefasel, Nachbar!“, erwiderte sie geheimnisvoll. „Meine Urahne, da sie jung gewesen, hat sie selber einmal aufgeweckt. Sie wusste auch das Sprüchlein noch und hat es mir öfters vorgesagt; aber ich habe es seither längst vergessen.“

Der dicke Mann lachte, dass ihm die silbernen Knöpfe auf seinem Bauche tanzten. „Nun, Mutter Stine, so setzt Euch hin und besinnt Euch auf Euer Sprüchlein. Ich verlasse mich auf mein Wetterglas, und das steht seit acht Wochen auf beständig Schön!“

„Das Wetterglas ist ein totes Ding, Nachbar; das kann doch nicht das Wetter machen!“

„Und Eure Regentrude ist ein Spukeding, ein Hirngespinst, ein Garnichts!“

„Nun, Wiesenbauer“, sagte die Frau schüchtern, „Ihr seid einmal einer von den Neugläubigen!“

Aber der Mann wurde immer eifriger. „Neu- oder altgläubig!“, rief er, „geht hin und sucht Eure Regenfrau und sprecht Euer Sprüchlein, wenn Ihr’s noch beisammenkriegt! Und wenn Ihr binnen heut und vierundzwanzig Stunden Regen schafft, dann –!“ Er hielt inne und paffte ein paar dicke Rauchwolken vor sich hin.

„Was dann, Nachbar?“, fragte die Frau.

„Dann – – dann – zum Teufel, ja, dann soll Euer Andrees meine Maren freien!“

In diesem Augenblicke öffnete sich die Tür des Wohnzimmers und ein schönes schlankes Mädchen mit rehbraunen Augen trat zu ihnen auf die Durchfahrt hinaus. „Topp, Vater!“, rief sie, „das soll gelten!“ Und zu einem ältlichen Mann gewandt, der eben von der Straße her ins Haus trat, fügte sie hinzu: „Ihr habt’s gehört, Vetter Schulze!“

„Nun, nun, Maren“, sagte der Wiesenbauer, „du brauchst keine Zeugen gegen deinen Vater aufzurufen; von meinem Wort, da beißt dir keine Maus auch nur ein Tittelchen ab.“

Der Schulze schaute indes, auf seinen langen Stock gestützt, eine Weile in den freien Tag hinaus; und hatte nun sein schärferes Auge in der Tiefe des glühenden Himmels ein weißes Pünktchen schwimmen sehen oder wünschte er es nur und glaubte es deshalb gesehen zu haben, aber er lächelte hinterhaltig und sagte: „Mög’s Euch bekommen, Vetter Wiesenbauer, der Andrees ist allewege ein tüchtiger Bursch!“

Bald darauf, während der Wiesenbauer und der Schulze in dem Wohnzimmer des Erstern über allerlei Rechnungen beisammensaßen, trat Maren an der andern Seite der Dorfstraße mit Mutter Stine in deren Stübchen.

„Aber Kind“, sagte die Witwe, indem sie ihr Spinnrad aus der Ecke holte, „weißt du denn das Sprüchlein für die Regenfrau?“

„Ich?“, fragte das Mädchen, indem sie erstaunt den Kopf zurückwarf.

„Nun, ich dachte nur, weil du so keck dem Vater vor die Füße tratst.“

„Nicht doch, Mutter Stine, mir war nur so ums Herz, und ich dachte auch, Ihr selber würdet's wohl noch beisammenbekommen. Räumt nur ein bissel auf in Eurem Kopfe; es muss ja noch irgendwo verkramet liegen!“

Frau Stine schüttelte den Kopf. „Die Urahne ist mir früh gestorben. Das aber weiß ich noch wohl, wenn wir damals große Dürre hatten, wie eben jetzt, und uns dabei mit der Saat oder dem Viehzeug Unheil zuschlug, dann pflegte sie wohl ganz heimlich zu sagen: ‚Das tut der Feuermann uns zum Schabernack, weil ich einmal die Regenfrau geweckt habe!‘“

„Der Feuermann?“, fragte das Mädchen, „wer ist denn das nun wieder?“ Aber ehe sie noch eine Antwort erhalten konnte, war sie schon ans Fenster gesprungen und rief: „Um Gott, Mutter, da kommt der Andrees; seht nur, wie verstürzt er aussieht!“

Die Witwe erhob sich von ihrem Spinnrade. „Freilich, Kind“, sagte sie niedergeschlagen, „siehst du denn nicht, was er auf dem Rücken trägt? Da ist schon wieder eins von den Schafen verdurstet.“

Bald darauf trat der junge Bauer ins Zimmer und legte das tote Tier vor den Frauen auf den Estrich. „Da habt ihr's!“, sagte er finster, indem er sich mit der Hand den Schweiß von der heißen Stirn strich.

Die Frauen sahen mehr in sein Gesicht als auf die tote Kreatur. „Nimm dir's nicht so zu Herzen, Andrees!“, sagte Maren. „Wir wollen die Regenfrau wecken, und dann wird alles wieder gut werden.“

„Die Regenfrau!“, wiederholte er tonlos. „Ja, Maren, wer die wecken könnte! – Es ist aber auch nicht wegen dem Tier allein; es ist mir etwas widerfahren draußen.“ –

Die Mutter fasste zärtlich seine Hand. „So sag es von dir, mein Sohn“, ermahnte sie, „damit es dich nicht siech mache!“

„So hört denn!“, erwiderte er. – „Ich wollte nach unsern Schafen sehen und ob das Wasser, das ich gestern Abend für sie hinaufgetragen, noch nicht verdunstet sei. Als ich aber auf den Weideplatz kam, sah ich sogleich, dass es dort nicht seine Richtigkeit habe; der Wasserzuber war nicht mehr, wo ich ihn hingestellt, und auch die Schafe waren nicht zu sehen. Um sie zu suchen, ging ich den Rain hinab bis an den Riesenhügel. Als ich auf die andere Seite kam, da sah ich sie alle liegen, keuchend, die Hälse lang auf die Erde gestreckt; die arme Kreatur hier war schon krepiert. Daneben lag der Zuber umgestürzt und schon gänzlich ausgetrocknet. Die Tiere konnten das nicht getan haben; hier musste eine böswillige Hand im Spiele sein."

„Kind, Kind!", unterbrach ihn die Mutter, „wer sollte einer armen Witwe Leides zufügen!"

„Hört nur zu, Mutter, es kommt noch weiter. Ich stieg auf den Hügel und sah nach allen Seiten über die Ebene hin; aber kein Mensch war zu sehen, die sengende Glut lag wie alle Tage lautlos über den Feldern. Nur neben mir auf einem der großen Steine, zwischen denen das Zwergenloch in den Hügel hinabgeht, saß ein dicker Molch und sonnte seinen hässlichen Leib. Als ich noch so halb ratlos, halb ingrimmig um mich her starre, höre ich auf einmal hinter mir von der andern Seite des Hügels her ein Gemurmel, wie wenn einer eifrig mit sich selber redet, und als ich mich umwende, sehe ich ein knorpsiges Männlein im feuerroten Rock und roter Zipfelmütze unten zwischen dem Heidekraute auf und ab stapfen. – Ich erschrak mich, denn wo war es plötzlich hergekommen! – Auch sah es gar so arg und missgeschaffen aus. Die großen braunroten Hände hatte es auf dem Rücken gefaltet, und dabei spielten die krummen Finger wie Spinnenbeine in der Luft. – Ich war hinter den Dornbusch getreten, der neben den Steinen aus dem Hügel wächst, und konnte von hier aus alles sehen, ohne selbst bemerkt zu werden. Das Unding drunten war noch immer in Bewegung; es bückte sich und riss ein Bündel versengten Grases aus dem Boden, dass ich glaubte, es müsse mit seinem Kürbiskopf vornüberschießen; aber es stand schon wieder auf seinen Spindelbeinen, und indem es das dürre Kraut zwischen seinen großen Fäusten zu Pulver rieb, begann es so entsetzlich zu lachen, dass auf der andern Seite des Hügels die halb toten Schafe aufsprangen und in wilder Flucht an dem Rain hinunterjagten. Das Männlein aber lachte noch gellender, und dabei begann es von einem Bein aufs andere zu springen, dass ich fürchtete, die dünnen Stäbchen müssten unter seinem klumpigen Leibe zusammenbrechen. Es war grausenvoll anzusehen, denn es funkte ihm dabei ordentlich aus seinen kleinen schwarzen Augen."

Die Witwe hatte leise des Mädchens Hand gefasst.

„Weißt du nun, wer der Feuermann ist?“, sagte sie. Maren nickte.

„Das Allergrausenhafteste aber“, fuhr Andrees fort, „war seine Stimme. ‚Wenn sie es wüssten, wenn sie es wüssten!‘, schrie er, ‚die Flegel, die Bauerntölpel!‘ Und dann sang er mit seiner schnarrenden, quäkenden Stimme ein seltsames Sprüchlein; immer von vorn nach hinten, als könne er sich gar daran nicht ersättigen. Wartet nur, ich bekomm's wohl noch beisammen!“

Und nach einigen Augenblicken fuhr er fort:

„Dunst ist die Welle,
Staub ist die Quelle!“

Die Mutter ließ plötzlich ihr Spinnrad stehen, das sie während der Erzählung eifrig gedreht hatte, und sah ihren Sohn mit gespannten Augen an. Der aber schwieg wieder und schien sich zu besinnen.

„Weiter!“, sagte sie leise.

„Ich weiß nicht weiter, Mutter; es ist fort, und ich hab's mir unterwegs doch wohl hundert Mal vorgesagt.“

Als aber Frau Stine mit unsicherer Stimme selbst fortfuhr:

„Stumm sind die Wälder,
Feuermann tanzet über die Felder!“,

da setzte er rasch hinzu:

„Nimm dich in Acht!
Eh du erwacht,
Holt dich die Mutter
Heim in die Nacht!“

„Das ist das Sprüchlein der Regentrude!“, rief Frau Stine; „und nun rasch noch einmal! Und du, Maren, merk wohl auf, damit es nicht wiederum verloren geht!“

Und nun sprachen Mutter und Sohn noch einmal zusammen und ohne Anstoß:

„Dunst ist die Welle,
Staub ist die Quelle!
Stumm sind die Wälder,
Feuermann tanzet über die Felder!

Nimm dich in Acht!
Eh du erwacht,
Holt dich die Mutter
Heim in die Nacht!“

„Nun hat alle Not ein Ende!“, rief Maren, „nun wecken wir die Regentrude; morgen sind alle Felder wieder grün, und übermorgen gibt’s Hochzeit!“ Und mit fliegenden Worten und glänzenden Augen erzählte sie ihrem Andrees, welches Versprechen sie dem Vater abgewonnen habe.

„Kind“, sagte die Witwe wieder, „weißt du denn auch den Weg zur Regentrude?“

„Nein, Mutter Stine; wisst Ihr denn auch den Weg nicht mehr!“

„Aber, Maren, es war ja die Urahne, die bei der Regentrude war; von dem Wege hat sie mir niemals was erzählt.“

„Nun, Andrees“, sagte Maren und fasste den Arm des jungen Bauern, der währenddes mit gerunzelter Stirn vor sich hin gestarrt hatte, „so sprich du! Du weißt ja sonst doch immer Rat!“

„Vielleicht weiß ich auch jetzt wieder einen!“, entgegnete er bedächtig. „Ich muss heute Mittag den Schafen noch Wasser hinauftragen. Vielleicht dass ich den Feuermann noch einmal hinter dem Dornbusch belauschen kann! Hat er das Sprüchlein verraten, wird er auch noch den Weg verraten; denn sein dicker Kopf scheint überzulaufen von diesen Dingen.“

Und bei diesem Entschluss blieb es. So viel sie auch hin und wider redeten, sie wussten keinen bessern aufzufinden.

Bald darauf befand sich Andrees mit seiner Wassertracht droben auf dem Weideplatze. Als er in die Nähe des Riesenhügels kam, sah er den Kobold schon von Weitem auf einem der Steine am Zwergenloch sitzen. Er strählte sich mit seinen fünf ausgespreizten Fingern den roten Bart; und jedes Mal, wenn er die Hand herauszog, löste sich ein Häufchen feuriger Flocken ab und schwebte in dem grellen Sonnenschein über die Felder dahin.

„Da bist du zu spät gekommen“, dachte Andrees, „heute wirst du nichts erfahren“, und wollte seitwärts, als habe er gar nichts gesehen, nach der Stelle abbiegen, wo noch immer der umgestürzte Zuber lag. Aber er wurde angerufen. „Ich dachte, du hättst mit mir zu reden!“, hörte er die Quäkstimme des Kobolds hinter sich.

Andrees kehrte sich um und trat ein paar Schritte zurück. „Was hätte ich mit Euch zu reden“, erwiderte er, „ich kenne Euch ja nicht.“

„Aber du möchtest den Weg zur Regentrude wissen?“

„Wer hat Euch denn das gesagt?"

„Mein kleiner Finger, und der ist klüger als mancher große Kerl."

Andrees nahm all seinen Mut zusammen und trat noch ein paar Schritte näher zu dem Unding an den Hügel hinauf. „Euer kleiner Finger mag schon klug sein", sagte er, „aber den Weg zur Regenfrau wird er doch nicht wissen, denn den wissen auch die allerklügsten Menschen nicht."

Der Kobold blähte sich wie eine Kröte und fuhr ein paarmal mit seiner Klaue durch den Feuerbart, dass Andrees vor der herausströmenden Glut einen Schritt zurücktaumelte. Plötzlich aber den jungen Bauer mit dem Ausdrucke eines überlegenen Hohns aus seinen bösen kleinen Augen anstarrend, schnarrte er ihn an: „Du bist zu einfältig, Andrees; wenn ich dir auch sagte, dass die Regentrude hinter dem großen Walde wohnt, so würdest du doch nicht wissen, dass hinter dem Walde eine hohle Weide steht!"

„Hier gilt's den Dummen spielen!", dachte Andrees; denn obschon er sonst ein ehrlicher Bursche war, so hatte er doch auch seine gute Portion Bauernschlauheit mit auf die Welt bekommen. „Da habt Ihr recht", sagte er und riss den Mund auf, „das würde ich freilich nicht wissen!"

„Und", fuhr der Kobold fort, „wenn ich dir auch sagte, dass hinter dem Walde die hohle Weide steht, so würdest du doch nicht wissen, dass in dem Baum eine Treppe zum Garten der Regenfrau hinabführt."

„Wie man sich doch verrechnen kann!", rief Andrees. „Ich dachte, man könnte nur so geradeswegs hineinspazieren."

„Und wenn du auch geradeswegs hineinspazieren könntest", sagte der Kobold, „so würdest du immer noch nicht wissen, dass die Regentrude nur von einer reinen Jungfrau geweckt werden kann."

„Nun freilich", meinte Andrees, „da hilft's mir nichts; da will ich mich nur gleich wieder auf den Heimweg machen."

Ein arglistiges Lächeln verzog den breiten Mund des Kobolds. „Willst du nicht erst dein Wasser in den Zuber gießen?", fragte er; „das schöne Viehzeug ist ja schier verschmachtet."

„Da habt Ihr zum vierten Male recht!", erwiderte der Bursche und ging mit seinen Eimern um den Hügel herum. Als er aber das Wasser in den heißen Zuber goss, schlug es zischend empor und verprasselte in weißen Dampfwolken in die Luft. „Auch gut!", dachte er „meine Schafe treibe ich mit mir heim, und morgen mit dem Frühesten geleite ich Maren zu der Regentrude. Die soll sie schon erwecken!"

Auf der andern Seite des Hügels aber war der Kobold von seinen Steinen aufgesprungen. Er warf seine rote Mütze in die Luft und kollerte sich mit wieherndem Gelächter den Berg hinab. Dann sprang er wieder auf seine dürren Spindelbeine, tanzte wie toll umher und schrie dabei mit seiner Quäkstimme einmal übers andere: „Der Kindskopf, der Bauerlümmel! dachte mich zu übertölpeln und weiß noch nicht, dass die Trude sich nur durch das rechte Sprüchlein wecken lässt. Und das Sprüchlein weiß keiner als Eckeneckepenn, und Eckeneckepenn, das bin ich!" –

Der böse Kobold wusste nicht, dass er am Vormittag das Sprüchlein selbst verraten hatte.

Auf die Sonnenblumen, die vor Marens Kammer im Garten standen, fiel eben der erste Morgenstrahl, als sie schon das Fenster aufstieß und ihren Kopf in die frische Luft hinaussteckte. Der Wiesenbauer, welcher nebenan im Alkoven des Wohnzimmers schlief, musste davon erwacht sein; denn sein Schnarchen, das noch eben durch alle Wände drang, hatte plötzlich aufgehört. „Was treibst du, Maren?", rief er mit schläfriger Stimme. „Fehlt's dir denn wo?"

Das Mädchen fuhr sich mit dem Finger an die Lippen; denn sie wusste wohl, dass der Vater, wenn er ihr Vorhaben erführe, sie nicht aus dem Hause lassen würde. Aber sie fasste sich schnell. „Ich habe nicht schlafen können, Vater", rief sie zurück, „ich will mit den Leuten auf die Wiese; es ist so hübsch frisch heute Morgen."

„Hast das nicht nötig, Maren", erwiderte der Bauer, „meine Tochter ist kein Dienstbot." Und nach einer Weile fügte er hinzu: „Na, wenn's dir Pläsier macht! Aber sei zur rechten Zeit wieder heim, eh die große Hitze kommt. Und vergiss mein Warmbier nicht!" Damit warf er sich auf die andere Seite, dass die Bettstelle krachte, und gleich darauf hörte auch das Mädchen wieder das wohlbekannte abgemessene Schnarchen.

Behutsam drückte sie ihre Kammertür auf. Als sie durch die Torfahrt ins Freie ging, hörte sie eben den Knecht die beiden Mägde wecken. „Es ist doch schnöd", dachte sie, „dass du so hast lügen müssen, aber" – und sie seufzte dabei ein wenig – „was tut man nicht um seinen Schatz."

Drüben in seinem Sonntagsstaat stand schon Andrees ihrer wartend. „Weißt du dein Sprüchlein noch?", rief er ihr entgegen.

„Ja, Andrees! Und weißt du noch den Weg?" Er nickte nur.

„So lass uns gehen!" – Aber eben kam noch Mutter Stine aus dem Hause und steckte ihrem Sohne ein mit Met gefülltes Fläschchen in die Tasche. „Der ist noch von der Urahne“, sagte sie, „sie tat allezeit sehr geheim und kostbar damit, der wird euch gut tun in der Hitze!“

Dann gingen sie im Morgenschein die stille Dorfstraße hinab und die Witwe stand noch lange und schaute nach der Richtung, wo die jungen kräftigen Gestalten verschwunden waren.

Der Weg der beiden führte hinter der Dorfmark über eine weite Heide. Danach kamen sie in den großen Wald. Aber die Blätter des Waldes lagen meist verdorrt am Boden, sodass die Sonne überall hindurchblitzte; sie wurden fast geblendet von den wechselnden Lichtern. – Als sie eine geraume Zeit zwischen den hohen Stämmen der Eichen und Buchen fortgeschritten waren, fasste das Mädchen die Hand des jungen Mannes.

„Was hast du, Maren?“, fragte er.

„Ich hörte unsere Dorfuhr schlagen, Andrees.“

„Ja, mir war es auch so.“

„Es muss sechs Uhr sein!“, sagte sie wieder. „Wer kocht denn dem Vater nur sein Warmbier? Die Mägde sind alle auf dem Felde.“

„Ich weiß nicht, Maren; aber das hilft nun doch weiter nicht!“

„Nein“, sagte sie, „das hilft nun weiter nicht. Aber weißt du denn auch noch unser Sprüchlein?“

„Freilich, Maren!

Dunst ist die Welle,
Staub ist die Quelle!“

Und als er einen Augenblick zögerte, sagte sie rasch:

„Stumm sind die Wälder,
Feuermann tanzet über die Felder!“

„Oh“, rief sie, „wie brannte die Sonne!“

„Ja“, sagte Andrees und rieb sich die Wange, „es hat auch mir ordentlich einen Stich gegeben.“

Endlich kamen sie aus dem Walde, und dort, ein paar Schritte vor ihnen, stand auch schon der alte Weidenbaum. Der mächtige Stamm war ganz gehöhlt, und das Dunkel, das darin herrschte, schien tief in den Abgrund der Erde zu führen. Andrees stieg zuerst allein hinab, während Maren sich auf die Höhlung des Baumes lehnte und ihm nachzublicken suchte. Aber bald sah sie nichts mehr von ihm, nur das Geräusch des Hinabsteigens schlug noch an ihr Ohr. Ihr begann angst zu werden; oben um sie her war es so einsam und von unten hörte sie endlich auch keinen Laut mehr. Sie steckte den Kopf tief in die Höhlung und rief: „Andrees, Andrees!“ Aber es blieb alles still und noch einmal rief sie: „Andrees!“ – Da nach einiger Zeit war es ihr, als höre sie es von unten wieder heraufkommen; und allmählich erkannte sie auch die Stimme des jungen Mannes, der ihren Namen rief, und fasste seine Hand, die er ihr entgegenstreckte. „Es führt eine Treppe hinab“, sagte er, „aber sie ist steil und ausgebröckelt, und wer weiß, wie tief nach unten zu der Abgrund ist!“

Maren erschrak. „Fürchte dich nicht“, sagte er, „ich trage dich; ich habe einen sichern Fuß.“ Dann hob er das schlanke Mädchen auf seine breite Schulter; und als sie die Arme fest um seinen Hals gelegt hatte, stieg er behutsam mit ihr in die Tiefe. Dichte Finsternis umgab sie; aber Maren atmete doch auf, während sie so Stufe um Stufe wie in einem gewundenen Schneckengange hinabgetragen wurde; denn es war kühl hier im Innern der Erde. Kein Laut von oben drang zu ihnen herab; nur einmal hörten sie dumpf aus der Ferne die unterirdischen Wasser brausen, die vergeblich zum Lichte emporarbeiteten.

„Was war das?“, flüsterte das Mädchen.

„Ich weiß nicht, Maren.“

„Aber hat's denn noch kein Ende?“

„Es scheint fast nicht.“

„Wenn dich der Kobold nur nicht betrogen hat!“

„Ich denke nicht, Maren.“

So stiegen sie tiefer und tiefer. Endlich spürten sie wieder den Schimmer des Sonnenlichts unter sich, das mit jedem Tritte leuchtender wurde; zugleich aber drang auch eine erstickende Hitze zu ihnen herauf.

Als sie von der untersten Stufe ins Freie traten, sahen sie eine gänzlich unbekannte Gegend vor sich. Maren sah befremdet umher. „Die Sonne scheint aber doch dieselbe zu sein!“, sagte sie endlich.

„Kälter ist sie wenigstens nicht“, meinte Andrees, indem er das Mädchen zur Erde hob.

Von dem Platze, wo sie sich befanden, auf einem breiten Steindamm, lief eine Allee von alten Weiden in die Ferne hinaus. Sie bedachten sich nicht lange; sondern gingen, als sei ihnen der Weg gewiesen, zwischen den Reihen der Bäume entlang. Wenn sie nach der einen oder andern Seite blickten, so sahen sie in ein ödes unabsehbares Tiefland, das so von aller Art Rinnen und Vertiefungen zerrissen war, als bestehe es nur aus einem endlosen Gewirre verlassener See- und Strombetten. Dies schien auch dadurch bestätigt zu werden, dass ein beklemmender Dunst, wie von vertrocknetem Schilf, die Luft erfüllte. Dabei lagerte zwischen den Schatten der einzeln stehenden Bäume eine solche Glut, dass es den beiden Wanderern war, als sähen sie kleine weiße Flammen über den staubigen Weg dahinfliegen. Andrees musste an die Flocken aus dem Feuerbarte des Kobolds denken. Einmal war es ihm sogar, als sähe er zwei dunkle Augenringe in dem grellen Sonnenschein; dann wieder glaubte er deutlich neben sich das tolle Springen der kleinen Spindelbeine zu hören. Bald war es links, bald rechts an seiner Seite. Wenn er sich aber wandte, vermochte er nichts zu sehen; nur die glutheiße Luft zitterte flirrend und blendend vor seinen Augen. „Ja“, dachte er, indem er des Mädchens Hand erfasste und beide mühsam vorwärts schritten, „sauer machst du's uns; aber recht behältst du heute nicht!“

Weiter und weiter gingen sie, der eine nur auf das immer schwerere Atmen des andern hörend. Der einförmige Weg schien kein Ende zu nehmen; neben ihnen unaufhörlich die grauen, halb entblätterten Weiden, seitwärts hüben und drüben unter ihnen die unheimlich dunstende Niederung.

Plötzlich blieb Maren stehen und lehnte sich mit geschlossenen Augen an den Stamm einer Weide. „Ich kann nicht weiter“, murmelte sie; „die Luft ist lauter Feuer.“

Da gedachte Andrees des Metfläschchens, das sie bis dahin unberührt gelassen hatten. – Als er den Stöpsel abgezogen, verbreitete sich ein Duft, als seien die Tausende von Blumen noch einmal zur Blüte auferstanden, aus deren Kelchen vor vielleicht mehr als hundert Jahren die Bienen den Honig zu diesem Tranke zusammengetragen hatten. Kaum hatten die Lippen des Mädchens den Rand der Flasche berührt, so schlug sie schon die Augen auf. „Oh“, rief sie, „auf welcher schönen Wiese sind wir denn?“

„Auf keiner Wiese, Maren; aber trink nur, es wird dich stärken!“

Als sie getrunken hatte, richtete sie sich auf und schaute mit hellen Augen um sich her. „Trink auch einmal, Andrees“, sagte sie; „ein Frauenzimmer ist doch nur ein elendiglich Geschöpf!“

„Aber das ist ein echter Tropfen!“, rief Andrees, nachdem er auch gekostet hatte. „Mag der Himmel wissen, woraus die Urahne den gebrannt hat!“

Dann gingen sie gestärkt und lustig plaudernd weiter. Nach einer Weile aber blieb das Mädchen wieder stehen. „Was hast du, Maren?“, fragte Andrees.

„Oh, nichts; ich dachte nur!“

„Was denn, Maren?“

„Siehst du, Andrees! Mein Vater hat noch sein halbes Heu draußen auf den Wiesen; und ich gehe da aus und will Regen machen!“

„Dein Vater ist ein reicher Mann, Maren; aber wir andern haben unser Fetzchen Heu schon längst in der Scheuer und unsere Frucht noch alle auf den dürren Halmen.“

„Ja, ja, Andrees, du hast wohl recht; man muss auch an die andern denken!“ Im Stillen bei sich selber aber setzte sie nach einer Weile hinzu: „Maren, Maren, mach dir keine Flausen vor; du tust ja doch alles nur von wegen deinem Schatz!“

So waren sie wieder eine Zeit lang fortgegangen, als das Mädchen plötzlich rief: „Was ist denn das? Wo sind wir denn? Das ist ja ein großer, ungeheurer Garten!“

Und wirklich waren sie, ohne zu wissen wie, aus der einförmigen Weidenallee in einen großen Park gelangt. Aus der weiten, jetzt freilich versengten Rasenfläche erhoben sich überall Gruppen hoher prachtvoller Bäume. Zwar war ihr Laub zum Teil gefallen oder hing dürr oder schlaff an den Zweigen, aber der kühne Bau ihrer Äste strebte noch in den Himmel und die mächtigen Wurzeln griffen noch weit über die Erde hinaus. Eine Fülle von Blumen, wie die beiden sie nie zuvor gesehen, bedeckte hier und da den Boden; aber alle diese Blumen waren welk und düftelos und schienen mitten in der höchsten Blüte von der tödlichen Glut getroffen zu sein.

„Wir sind am rechten Orte, denk ich!“, sagte Andrees.

Maren nickte. „Du musst nun hier zurückbleiben, bis ich wiederkomme.“

„Freilich“, erwiderte er, indem er sich in dem Schatten einer großen Eiche ausstreckte. „Das Übrige ist nun deine Sach! Halt nur das Sprüchlein fest und verred dich nicht dabei!“ – –

So ging sie denn allein über den weiten Rasen und unter den himmelhohen Bäumen dahin, und bald sah der Zurückbleibende nichts mehr von ihr. Sie aber schritt weiter und weiter durch die Einsamkeit. Bald hörten die Baumgruppen auf, und der Boden senkte sich. Sie erkannte wohl, dass sie in dem ausgetrockneten Bette eines Gewässers ging; weißer Sand und Kiesel bedeckten den Boden, dazwischen lagen tote Fische und blinkten mit ihren Silberschuppen in der Sonne. In der Mitte des Beckens sah sie einen grauen fremdartigen Vogel stehen; er schien ihr einem Reiher ähnlich zu sein, doch war er von solcher Größe, dass sein Kopf, wenn er ihn aufrichtete, über den eines Menschen hinwegragen musste; jetzt hatte er den langen Hals zwischen den Flügeln zurückgelegt und schien zu schlafen. Maren fürchtete sich. Außer dem regungslosen unheimlichen Vogel war kein lebendes Wesen sichtbar, nicht einmal das Schwirren einer Fliege unterbrach hier die Stille; wie ein Entsetzen lag das Schweigen über diesem Orte. Einen Augenblick trieb sie die Angst, nach ihrem Geliebten zu rufen, aber sie wagte es wiederum nicht, denn den Laut ihrer eigenen Stimme in dieser Öde zu hören, dünkte sie noch schauerlicher als alles andere.

So richtete sie denn ihre Augen fest in die Ferne, wo sich wieder dichte Baumgruppen über den Boden zu erheben schienen, und schritt weiter, ohne rechts oder links zu sehen. Der große Vogel rührte sich nicht, als sie mit leisem Tritt an ihm vorüberging, nur für einen Augenblick blitzte es schwarz unter der weißen Augenhaut hervor. – Sie atmete auf. – Nachdem sie noch eine weite Strecke hingeschritten, verengte sich das Seebette zu der Rinne eines mäßigen Baches, der unter einer breiten Lindengruppe durchführte. Das Geäste dieser mächtigen Bäume war so dicht, dass ungeachtet des mangelhaften Laubes kein Sonnenstrahl hindurchdrang. Maren ging in dieser Rinne weiter; die plötzliche Kühle um sie her, das hohe dunkle Gewölbe der Wipfel über ihr; es schien ihr fast, als gehe sie durch eine Kirche. Plötzlich aber wurden ihre Augen von einem blendenden Lichte getroffen; die Bäume hörten auf und vor ihr erhob sich ein graues Gestein, auf das die grellste Sonne niederbrannte.

Maren selbst stand in einem leeren sandigen Becken, in welches sonst ein Wasserfall über die Felsen hinabgestürzt sein mochte, der dann unterhalb durch die Rinne seinen Abfluss in den jetzt verdunsteten See gehabt hatte. Sie suchte mit den Augen, wo wohl der Weg zwischen den Klippen hinaufführe. Plötzlich aber schrak sie zusammen. Denn das dort auf der halben Höhe des Absturzes konnte nicht zum Gestein gehören; wenn es auch ebenso grau war und starr wie dieses in der regungslosen Luft lag, so erkannte sie doch bald, dass es ein Gewand sei, welches in Falten eine ruhende Gestalt bedeckte. – Mit verhaltenem Atem stieg sie näher. Da sah sie es deutlich; es war eine schöne mächtige Frauengestalt. Der Kopf lag tief aufs Gestein zurückgesunken; die blonden Haare, die bis zur Hüfte hinabflossen, waren voll Staub und dürren Laubes. Maren betrachtete sie aufmerksam. „Sie muss sehr schön gewesen sein“, dachte sie, „ehe diese Wangen so schlaff und diese Augen so eingesunken waren. Ach, und wie bleich ihre Lippen sind! Ob es denn wohl die Regentrude sein mag? – Aber die da schläft nicht; das ist eine Tote! Oh, es ist entsetzlich einsam hier!“

Das kräftige Mädchen hatte sich indessen bald gefasst. Sie trat ganz dicht herzu, und niederkniend und zu ihr hingebeugt legte sie ihre frischen Lippen an das marmorblasse Ohr der Ruhenden. Dann, all ihren Mut zusammennehmend, sprach sie laut und deutlich:

„Dunst ist die Welle,
Staub ist die Quelle!
Stumm sind die Wälder,
Feuermann tanzet über die Felder!“

Da rang sich ein tiefer klagender Laut aus dem bleichen Munde hervor; doch das Mädchen sprach immer stärker und eindringlicher:

„Nimm dich in Acht!
Eh du erwacht,
Holt dich die Mutter
Heim in die Nacht!“

Da rauschte es sanft durch die Wipfel der Bäume, und in der Ferne donnerte es leise wie von einem Gewitter. Zugleich aber und, wie es schien, von jenseits des Gesteins kommend, durchschnitt ein geller Ton die Luft, wie der Wutschrei eines bösen Tieres. Als Maren emporsah, stand die Gestalt der Trude hoch aufgerichtet vor ihr. „Was willst du?“, fragte sie.

„Ach, Frau Trude“, antwortete das Mädchen noch immer kniend, „Ihr habt so grausam lang geschlafen, dass alles Laub und alle Kreatur verschmachten will!“

Die Trude sah sie mit weit aufgerissenen Augen an, als mühe sie sich, aus schweren Träumen zu kommen.

Endlich fragte sie mit tonloser Stimme: „Stürzt denn der Quell nicht mehr?“

„Nein, Frau Trude“, erwiderte Maren.

„Kreist denn mein Vogel nicht mehr über dem See?“

„Er steht in der heißen Sonne und schläft.“

„Weh!“, wimmerte die Regenfrau. „So ist es hohe Zeit. Steh auf und folge mir, aber vergiss nicht den Krug, der dort zu deinen Füßen liegt!“

Maren tat, wie ihr geheißen, und beide stiegen nun an der Seite des Gesteins hinauf. – Noch mächtigere Baumgruppen, noch wunderbarere Blumen waren hier der Erde entsprossen, aber auch hier war alles welk und düftelos. – Sie gingen an der Rinne des Baches entlang, der hinter ihnen seinen Abfall vom Gestein gehabt hatte. Langsam und schwankend schritt Trude dem

Mädchen voran, nur dann und wann die Augen traurig umherwendend. Dennoch meinte Maren, es bleibe ein grüner Schimmer auf dem Rasen, den ihr Fuß betreten, und wenn die grauen Gewänder über das dürre Gras schleppten, da rauschte es so eigen, dass sie immer darauf hinhören musste. „Regnet es denn schon, Frau Trude?", fragte sie.

„Ach nein, Kind; erst musst du den Brunnen aufschließen!"

„Den Brunnen? Wo ist denn der?"

Sie waren eben aus einer Gruppe von Bäumen herausgetreten. „Dort!", sagte die Trude, und einige Tausend Schritte vor ihnen sah Maren einen ungeheuren Bau emporsteigen. Er schien von grauem Gestein zackig und unregelmäßig aufgetürmt; bis in den Himmel, meinte Maren; denn nach oben hinauf war alles wie in Duft und Sonnenglanz zerflossen. Am Boden aber wurde die in riesenhaften Erkern vorspringende Fronte überall von hohen spitzbogigen Tor- und Fensterhöhlen durchbrochen, ohne dass jedoch von Fenstern oder Torflügeln selbst etwas zu sehen gewesen wäre.

Eine Weile schritten sie gerade darauf zu, bis sie durch den Uferabsturz eines Stromes aufgehalten wurden, der den Bau rings zu umgeben schien. Auch hier war jedoch das Wasser bis auf einen schmalen Faden, der noch in der Mitte floss, verdunstet; ein Nachen lag zerborsten auf der trockenen Schlammdecke des Strombettes.

„Schreite hindurch!", sagte die Trude. „Über dich hat er keine Gewalt. Aber vergiss nicht, von dem Wasser zu schöpfen; du wirst es bald gebrauchen!"

Als Maren, dem Befehl gehorchend, von dem Ufer herabtrat, hätte sie fast den Fuß zurückgezogen, denn der Boden war hier so heiß, dass sie die Glut durch ihre Schuhe fühlte. „Ei, was, mögen die Schuhe verbrennen!", dachte sie und schritt rüstig mit ihrem Kruge weiter. Plötzlich aber blieb sie stehen; der Ausdruck des tiefsten Entsetzens trat in ihre Augen. Denn neben ihr zerriss die trockene Schlammdecke, und eine große braunrote Faust mit krummen Fingern fuhr daraus hervor und griff nach ihr.

„Mut!", hörte sie die Stimme der Trude hinter sich vom Ufer her.

Da erst stieß sie einen lauten Schrei aus und der Spuk verschwand.

„Schließe die Augen!", hörte sie wiederum die Trude rufen. – Da ging sie mit geschlossenen Augen weiter; als sie aber das Wasser ihren Fuß berühren fühlte, bückte sie sich und füllte ihren

Krug. Dann stieg sie leicht und ungefährdet am andern Ufer wieder hinauf.

Bald hatte sie das Schloss erreicht und trat mit klopfendem Herzen durch eines der großen offenen Tore. Drinnen aber blieb sie staunend an dem Eingange stehen. Das ganze Innere schien nur ein einziger unermesslicher Raum zu sein. Mächtige Säulen von Tropfstein trugen in beinahe unabsehbarer Höhe eine seltsame Decke; fast meinte Maren, es seien nichts als graue riesenhafte Spinngewebe, die überall in Bauschen und Spitzen zwischen den Knäufen der Säulen herabhingen. Noch immer stand sie wie verloren an derselben Stelle und blickte bald vor sich hin, bald nach einer und der andern Seite, aber diese ungeheuern Räume schienen außer nach der Fronte zu, durch welche Maren eingetreten war, ganz ohne Grenzen zu sein; Säule hinter Säule erhob sich, und wie sehr sie sich auch anstrengte, sie konnte nirgends ein Ende absehen. Da blieb ihr Auge an einer Vertiefung des Bodens haften. Und siehe! Dort, unweit von ihr, war der Brunnen; auch den goldenen Schlüssel sah sie auf der Falltür liegen.

Während sie darauf zuging, bemerkte sie, dass der Fußboden nicht etwa, wie sie es in ihrer Dorfkirche gesehen, mit Steinplatten, sondern überall mit vertrockneten Schilf- und Wiesenpflanzen bedeckt war. Aber es nahm sie jetzt schon nichts mehr wunder.

Nun stand sie am Brunnen und wollte eben den Schlüssel ergreifen; da zog sie rasch die Hand zurück. Denn deutlich hatte sie es erkannt, der Schlüssel, der ihr in dem grellen Licht eines von außen hereinfallenden Sonnenstrahls entgegenleuchtete, war von Glut und nicht von Golde rot. Ohne Zaudern goss sie ihren Krug darüber aus, dass das Zischen des verdampfenden Wassers in den weiten Räumen widerhallte. Dann schloss sie rasch den Brunnen auf. Ein frischer Duft stieg aus der Tiefe, als sie die Falltür zurückgeschlagen hatte, und erfüllte bald alles mit einem feinen feuchten Staube, der wie ein zartes Gewölk zwischen den Säulen emporstieg.

Sinnend und in der frischen Kühle aufatmend ging Maren umher. Da begann zu ihren Füßen ein neues Wunder. Wie ein Hauch rieselte ein lichtes Grün über die verdorrte Pflanzendecke, die Halme richteten sich auf und bald wandelte das Mädchen durch eine Fülle sprießender Blätter und Blumen. Am Fuße der Säulen wurde es blau von Vergissmeinnicht; dazwischen blühten gelbe und braunviolette Iris auf und verhauchten ihren zarten Duft. An den Spitzen der Blätter klommen Libellen empor, prüften ihre Flügel und schwebten dann schillernd und gaukelnd über den

Blumenkelchen, während der frische Duft, der fortwährend aus dem Brunnen stieg, immer mehr die Luft erfüllte und wie Silberfunken in den hereinfallenden Sonnenstrahlen tanzte.

Indessen Maren noch des Entzückens und Bestaunens kein Ende finden konnte, hörte sie hinter sich ein behagliches Stöhnen wie von einer süßen Frauenstimme. Und wirklich, als sie ihre Augen nach der Vertiefung des Brunnens wandte, sah sie auf dem grünen Moosrande, der dort emporgekeimt war, die ruhende Gestalt einer wunderbar schönen blühenden Frau. Sie hatte ihren Kopf auf den nackten glänzenden Arm gestützt, über den das blonde Haar wie in seidenen Wellen herabfiel, und ließ ihre Augen oben zwischen den Säulen an der Decke wandern.

Auch Maren blickte unwillkürlich hinauf. Da sah sie nun wohl, dass das, was sie für große Spinngewebe gehalten, nichts anderes sei als die zarten Florgewebe der Regenwolken, die durch den aus dem Brunnen aufsteigenden Duft gefüllt und schwer und schwerer wurden. Eben hatte sich ein solches Gewölk in der Mitte der Decke abgelöst und sank leise schwebend herab, sodass Maren das Gesicht der schönen Frau am Brunnen nur noch wie durch einen grauen Schleier leuchten sah. Da klatschte diese in die Hände, und sogleich schwamm die Wolke der nächsten Fensteröffnung zu und floss durch dieselbe ins Freie hinaus.

„Nun!“, rief die schöne Frau. „Wie gefällt dir das!“, und dabei lächelte ihr roter Mund, und ihre weißen Zähne blitzten.

Dann winkte sie Maren zu sich, und diese musste sich neben ihr ins Moos setzen; und als eben wieder ein Duftgewebe von der Decke niedersank, sagte sie: „Nun klatsch in deine Hände!“, und als Maren das getan und auch diese Wolke, wie die erste, ins Freie hinausgezogen war, rief sie: „Siehst du wohl, wie leicht das ist! Du kannst es besser noch als ich!“

Maren betrachtete verwundert die schöne übermütige Frau. „Aber“, fragte sie, „wer seid Ihr denn so eigentlich?“

„Wer ich bin? Nun, Kind, bist du aber einfältig!“

Das Mädchen sah sie noch einmal mit ungewissen Augen an; endlich sagte sie zögernd: „Ihr seid doch nicht gar die Regentrude?“

„Und wer sollte ich denn anders sein?“

„Aber verzeiht! Ihr seid ja so schön und lustig jetzt!“

Da wurde die Trude plötzlich ganz still. „Ja“, rief sie, „ich muss dir dankbar sein. Wenn du mich nicht geweckt hättest, wäre der Feuermann Meister geworden, und ich hätte wieder hinabmüssen zu der Mutter unter die Erde.“ Und indem sie ein wenig wie vor innerem Grauen die weißen Schultern zusammenzog, setzte sie hinzu: „Und es ist ja doch so schön und grün hier oben!“

Dann musste Maren erzählen, wie sie hiehergekommen, und die Trude legte sich ins Moos zurück und hörte zu. Mitunter pflückte sie eine der Blumen, die neben ihr emporsprossten, und steckte sie sich oder dem Mädchen ins Haar. Als Maren von dem mühseligen Gange auf dem Weidendamme berichtete, seufzte die Trude und sagte: „Der Damm ist einst von euch Menschen selbst gebaut worden; aber es ist schon lange, lange her! Solche Gewänder, wie du sie trägst, sah ich nie bei ihren Frauen. Sie kamen damals öfters zu mir, ich gab ihnen Keime und Körner zu neuen Pflanzen und Getreiden, und sie brachten mir zum Dank von ihren Früchten. Wie sie meiner nicht vergaßen, so vergaß ich ihrer nicht, und ihre Felder waren niemals ohne Regen. Seit lange aber sind die Menschen mir entfremdet, es kommt niemand mehr zu mir. Da bin ich denn vor Hitze und lauter langer Weile eingeschlafen, und der tückische Feuermann hätte fast den Sieg erhalten.“

Maren hatte sich währenddessen ebenfalls mit geschlossenen Augen auf das Moos zurückgelegt, es taute so sanft um sie her, und die Stimme der schönen Trude klang so süß und traulich.

„Nur einmal“, fuhr diese fort, „aber das ist auch schon lange her, ist noch ein Mädchen gekommen, sie sah fast aus wie du und trug fast ebensolche Gewänder. Ich schenkte ihr von meinem Wiesenhonig, und das war die letzte Gabe, die ein Mensch aus meiner Hand empfangen hat!“

„Seht nur“, sagte Maren, „das hat sich gut getroffen! Jenes Mädchen muss die Urahne von meinem Schatz gewesen sein, und der Trank, der mich heute so gestärkt hat, war gewiss von Eurem Wiesenhonig!“

Die Regenfrau dachte wohl noch an ihre junge Freundin von damals; denn sie fragte: „Hat sie denn noch so schöne braune Löckchen an der Stirn?“

„Wer denn, Frau Trude?“

„Nun, die Urahne, wie du sie nennst!“

„O nein, Frau Trude“, erwiderte Maren, und sie fühlte sich in diesem Augenblick ihrer mächtigen Freundin fast ein wenig überlegen – „die Urahne ist ja ganz steinalt geworden!“

„Alt?“, fragte die schöne Frau. Sie verstand das nicht, denn sie kannte nicht das Alter.

Maren hatte große Mühe, ihr es zu erklären. „Merket nur!“, sagte sie endlich, „graues Haar und rote Augen und hässlich und verdrießlich sein! Seht, Frau Trude, das nennen wir alt!“

„Freilich“, erwiderte diese, „ich entsinne mich nun; es waren auch solche unter den Frauen der Menschen; aber die Urahne soll zu mir kommen, ich mache sie wieder froh und schön."

Maren schüttelte den Kopf. „Das geht ja nicht, Frau Trude", sagte sie, „die Urahne ist ja längst unter der Erde."

Die Trude seufzte. „Arme Urahne!" 5

Hierauf schwiegen beide, während sie noch immer behaglich ausgestreckt im weichen Moose lagen. „Aber Kind!", rief plötzlich die Trude, „da haben wir über all dem Geplauder ja ganz das Regenmachen vergessen. Schlag doch nur die Augen auf! Wir sind ja unter lauter Wolken ganz begraben; ich sehe dich schon gar 10 nicht mehr!"

„Ei, da wird man ja nass wie eine Katze!", rief Maren, als sie die Augen aufgeschlagen hatte.

Die Trude lachte. „Klatsch nur ein wenig in die Hände, aber nimm dich in Acht, dass du die Wolken nicht zerreißt!" 15

So begannen beide leise in die Hände zu klopfen; und alsbald entstand ein Gewoge und Geschiebe, die Nebelgebilde drängten sich nach den Öffnungen und schwammen, eins nach dem andern, ins Freie hinaus. Nach kurzer Zeit sah Maren schon wieder den Brunnen vor sich und den grünen Boden mit den gelben und vio- 20 letten Irisblüten. Dann wurden auch die Fensterhöhlen frei, und sie sah weithin über den Bäumen des Gartens die Wolken den ganzen Himmel überziehen. Allmählich verschwand die Sonne. Noch ein paar Augenblicke, und sie hörte es draußen wie einen Schauer durch die Blätter der Bäume und Gebüsche wehen, und 25 dann rauschte es hernieder, mächtig und unablässig.

Maren saß aufgerichtet mit gefalteten Händen. „Frau Trude, es regnet", sagte sie leise.

Diese nickte kaum merklich mit ihrem schönen blonden Kopfe; sie saß wie träumend. 30

Plötzlich aber entstand draußen ein lautes Prasseln und Heulen, und als Maren erschrocken hinausblickte, sah sie aus dem Bette des Umgebungsstromes, den sie kurz vorher überschritten hatte, sich ungeheure weiße Dampfwolken stoßweise in die Luft erheben. In demselben Augenblicke fühlte sie sich auch von den Ar- 35 men der schönen Regenfrau umfangen, die sich zitternd an das neben ihr ruhende junge Menschenkind schmiegte. „Nun gießen sie den Feuermann aus", flüsterte sie, „horch nur, wie er sich wehrt! Aber es hilft ihm doch nichts mehr."

Eine Weile hielten sie sich so umschlossen; da wurde es stille 40 draußen, und es war nun nichts zu hören als das sanfte Rauschen des Regens. – Da standen sie auf, und die Trude ließ die Falltür des Brunnens herab und verschloss sie.

Maren küsste ihre weiße Hand und sagte: „Ich danke Euch, liebe Frau Trude, für mich und alle Leute in unserm Dorfe! Und" – setzte sie ein wenig zögernd hinzu – „nun möchte ich wieder heimgehen!"

5 „Schon gehen?", fragte die Trude.

„Ihr wisst es ja, mein Schatz wartet auf mich; er mag schon wacker nass geworden sein."

Die Trude erhob den Finger. „Wirst du ihn auch später niemals warten lassen?"

10 „Gewiss nicht, Frau Trude!"

„So geh, mein Kind; und wenn du heimkommst, so erzähle den andern Menschen von mir, dass sie meiner fürder nicht vergessen. – Und nun komm! Ich werde dich geleiten."

Draußen unter dem frischen Himmelstau war schon überall das 15 Grün des Rasens und an Baum und Büschen das Laub hervorgesprossen. – Als sie an den Strom kamen, hatte das Wasser sein ganzes Bette wieder ausgefüllt, und als erwarte er sie, ruhte der Kahn, wie von unsichtbarer Hand wieder hergestellt, schaukelnd an dem üppigen Grase des Uferrandes. Sie stiegen ein, und leise 20 glitten sie hinüber, während die Tropfen spielend und klingend in die Flut fielen. Da, als sie eben an das andere Ufer traten, schlugen neben ihnen die Nachtigallen ganz laut aus dem Dunkel des Gebüsches. „Oh", sagte die Trude und atmete so recht aus Herzensgrunde, „es ist noch Nachtigallenzeit, es ist noch nicht zu spät!"

25 Da gingen sie an dem Bach entlang, der zu dem Wasserfalle führte. Der stürzte sich schon wieder tosend über die Felsen und floss dann strömend in der breiten Rinne unter den dunkeln Linden fort. Sie mussten, als sie hinabgestiegen waren, an der Seite unter den Bäumen hingehen. Als sie wieder ins Freie traten, sah 30 Maren den fremden Vogel in großen Kreisen über einem See schweben, dessen weites Becken sich zu ihren Füßen dehnte. Bald gingen sie unten längs dem Ufer hin, fortwährend die süßesten Düfte atmend und auf das Anrauschen der Wellen horchend, die über glänzende Kiesel an dem Strande hinaufströmten. Tausende 35 von Blumen blühten überall, auch Veilchen und Maililien bemerkte Maren und andere Blumen, deren Zeit eigentlich längst vorüber war, die aber wegen der bösen Glut nicht hatten zur Entfaltung kommen können. „Die wollen auch nicht zurückbleiben", sagte die Trude, „das blüht nun alles durcheinander hin."

40 Mitunter schüttelte sie ihr blondes Haar, dass die Tropfen wie Funken um sie her sprühten, oder sie schränkte ihre Hände zusammen, dass von ihren vollen weißen Armen das Wasser wie in eine Muschel hinabfloss. Dann wieder riss sie die Hände ausein-

ander, und wo die hingesprühten Tropfen die Erde berührten, da stiegen neue Düfte auf, und ein Farbenspiel von frischen, nie gesehenen Blumen drängte sich leuchtend aus dem Rasen.

Als sie um den See herum waren, blickte Maren noch einmal auf die weite, bei dem niederfallenden Regen kaum übersehbare Wasserfläche zurück; es schauerte sie fast bei dem Gedanken, dass sie am Morgen trockenen Fußes durch die Tiefe gegangen sei. Bald mussten sie dem Platze nahe sein, wo sie ihren Andrees zurückgelassen hatte. Und richtig! Dort unter den hohen Bäumen lag er mit aufgestütztem Arm; er schien zu schlafen. Als aber Maren auf die schöne Trude blickte, wie sie mit dem roten lächelnden Munde so stolz neben ihr über den Rasen schritt, erschien sie sich plötzlich in ihren bäuerischen Kleidern so plump und hässlich, dass sie dachte: „Ei, das tut nicht gut, die braucht der Andrees nicht zu sehen!“ Laut aber sprach sie: „Habt Dank für Euer Geleite, Frau Trude, ich finde mich nun schon selber!“

„Aber ich muss doch deinen Schatz noch sehen!“

„Bemüht Euch nicht, Frau Trude“, erwiderte Maren, „es ist eben ein Bursch wie die andern auch und just gut genug für ein Mädel vom Dorf.“

Die Trude sah sie mit durchdringenden Augen an. „Schön bist du, Närrchen!“, sagte sie und erhob drohend ihren Finger. „Bist du denn aber auch in deinem Dorf die Allerschönste?“

Da stieg dem hübschen Mädchen das Blut ins Gesicht, dass ihr die Augen überliefen. Die Trude aber lächelte schon wieder. „So merk denn auf!“, sagte sie; „weil nun doch alle Quellen wieder springen, so könnt ihr einen kürzern Weg haben. Gleich unten links am Weidendamm liegt ein Nachen. Steigt getrost hinein; er wird euch rasch und sicher in eure Heimat bringen! – Und nun leb wohl!“, rief sie und legte ihren Arm um den Nacken des Mädchens und küsste sie. „Oh, wie süß frisch schmeckt doch solch ein Menschenmund!“

Dann wandte sie sich und ging unter den fallenden Tropfen über den Rasen dahin. Dabei hub sie an zu singen; das klang süß und eintönig; und als die schöne Gestalt zwischen den Bäumen verschwunden war, da wusste Maren nicht, hörte sie noch immer aus der Ferne den Gesang, oder war es nur das Rauschen des niederfallenden Regens.

Eine Weile noch blieb das Mädchen stehen; dann, wie in plötzlicher Sehnsucht, streckte sie die Arme aus. „Lebt wohl, schöne, liebe Regentrude, lebt wohl!“, rief sie. – Aber keine Antwort kam zurück; sie erkannte es nun deutlich, es war nur noch der Regen, der herniederrauschte.

Als sie hierauf langsam dem Eingange des Gartens zuschritt, sah sie den jungen Bauer hoch aufgerichtet unter den Bäumen stehen. „Wonach schaust du denn so?“, fragte sie, als sie näher gekommen war.

„Alle Tausend, Maren!“, rief Andrees, „was war denn das für ein sauber Weibsbild?“

Das Mädchen aber ergriff den Arm des Burschen und drehte ihn mit einem derben Ruck herum. „Guck dir nur nicht die Augen aus!“, sagte sie, „das ist keine für dich; das war die Regentrude!“

Andrees lachte. „Nun, Maren“, erwiderte er, „dass du sie richtig aufgeweckt hattest, das hab ich hier schon merken können; denn so nass, mein ich, ist der Regen noch nimmer gewesen, und so etwas von Grünwerden hab ich auch all mein Lebtag noch nicht gesehen! – Aber nun komm! Wir wollen heim, und dein Vater soll uns sein Wort einlösen.“

Unten am Weidendamm fanden sie den Nachen und stiegen ein. Das ganze weite Tiefland war schon überflutet, auf dem Wasser und in der Luft lebte es von aller Art Gevögel; die schlanken Seeschwalben schossen schreiend über ihnen hin und tauchten die Spitzen ihrer Flügel in die Flut, während die Silbermöwe majestätisch neben ihrem fortschießenden Kahne dahinschwamm; auf den grünen Inselchen, an denen sie hier und dort vorbeikamen, sahen sie die Bruushähne mit den goldenen Kragen ihre Kampfspiele halten.

So glitten sie rasch dahin. Noch immer fiel der Regen, sanft, doch unablässig. Jetzt aber verengte sich das Wasser, und bald war es nur noch ein mäßig breiter Bach.

Andrees hatte schon eine Zeit lang mit der Hand über den Augen in die Ferne geblickt. „Sieh doch, Maren“, rief er, „ist das nicht meine Roggenkoppel?“

„Freilich, Andrees; und prächtig grün ist sie geworden! Aber siehst du denn nicht, dass es unser Dorfbach ist, auf dem wir fahren?“

„Richtig, Maren; aber was ist denn das dort? Das ist ja alles überflutet!“

„Ach, du lieber Gott!“, rief Maren, „das sind ja meines Vaters Wiesen! Sieh nur, das schöne Heu, es schwimmt ja alles!“

Andrees drückte dem Mädchen die Hand. „Lass nur, Maren!“, sagte er, „der Preis ist, denk ich, nicht zu hoch, und meine Felder tragen ja nun um desto besser.“

Bei der Dorflinde legte der Nachen an. Sie traten ans Ufer, und bald gingen sie Hand in Hand die Straße hinab. Da wurde ihnen von allen Seiten freundlich zugenickt; denn Mutter Stine mochte in ihrer Abwesenheit doch ein wenig geplaudert haben.

„Es regnet!", riefen die Kinder, die unter den Tropfen durch über die Straße liefen. „Es regnet!", sagte der Vetter Schulze, der behaglich aus seinem offenen Fenster schaute und den beiden mit kräftigem Drucke die Hand schüttelte. „Ja, ja, es regnet!", sagte auch der Wiesenbauer, der wieder mit der Meerschaumpfeife in der Torfahrt seines stattlichen Hauses stand, „und du, Maren, hast mich heute Morgen wacker angelogen. Aber kommt nur herein, ihr beiden! Der Andrees, wie der Vetter Schulze sagt, ist allewege ein guter Bursch, seine Ernte wird heuer noch gut, und wenn es etwan wieder drei Jahre Regen geben sollte, so ist es am Ende doch so übel nicht, wenn Höhen und Tiefen beieinanderkommen. Drum geht hinüber zu Mutter Stine, da wollen wir die Sache allfort in Richtigkeit bringen!"

Mehrere Wochen waren seitdem vergangen. Der Regen hatte längst wieder aufgehört und die letzten schweren Erntewagen waren mit Kränzen und flatternden Bändern in die Scheuern eingefahren; da schritt im schönsten Sonnenschein ein großer Hochzeitszug der Kirche zu. Maren und Andrees waren die Brautleute; hinter ihnen gingen Hand in Hand Mutter Stine und der Wiesenbauer. Als sie fast bei der Kirchtür angelangt waren, dass sie schon den Choral vernahmen, den drinnen zu ihrem Empfang der alte Kantor auf der Orgel spielte, zog plötzlich ein weißes Wölkchen über ihnen am blauen Himmel auf und ein paar leichte Regentropfen fielen der Braut in ihren Kranz. – „Das bedeutet Glück!", riefen die Leute, die auf dem Kirchhof standen. „Das war die Regentrude!", flüsterten Braut und Bräutigam und drückten sich die Hände.

Dann trat der Zug in die Kirche; die Sonne schien wieder, die Orgel aber schwieg, und der Priester verrichtete sein Werk.

DER KLEINE HÄWELMANN

Ein Kindermärchen

Es war einmal ein kleiner Junge, der hieß Häwelmann. Des Nachts schlief er in einem Rollenbett und auch des Nachmittags, wenn er müde war; wenn er aber nicht müde war, so musste seine Mutter ihn darin in der Stube umherfahren, und davon konnte er nie genug bekommen.

Nun lag der kleine Häwelmann eines Nachts in seinem Rollenbett und konnte nicht einschlafen; die Mutter aber schlief schon lange neben ihm in ihrem großen Himmelbett. „Mutter“, rief der kleine Häwelmann, „ich will fahren!“ Und die Mutter langte im Schlaf mit dem Arm aus dem Bett und rollte die kleine Bettstelle hin und her, und wenn ihr der Arm müde werden wollte, so rief der kleine Häwelmann: „Mehr, mehr!“, und dann ging das Rollen wieder von vorne an. Endlich aber schlief sie gänzlich ein; und so viel Häwelmann auch schreien mochte, sie hörte es nicht; es war rein vorbei. – – Da dauerte es nicht lange, so sah der Mond in die Fensterscheiben, der gute alte Mond, und was er da sah, war so possierlich, dass er sich erst mit seinem Pelzärmel über das Gesicht fuhr, um sich die Augen auszuwischen; so etwas hatte der alte Mond all sein' Lebtage nicht gesehen. Da lag der kleine Häwelmann mit offenen Augen in seinem Rollenbett und hielt das eine Beinchen wie einen Mastbaum in die Höhe. Sein kleines Hemd hatte er ausgezogen und hing es wie ein Segel an seiner kleinen Zehe auf; dann nahm er ein Hemdzipfelchen in jede Hand und fing mit beiden Backen an zu blasen. Und allmählich, leise, leise, fing es an zu rollen, über den Fußboden, dann die Wand hinauf, dann kopfüber die Decke entlang und dann die andere Wand wieder hinunter. „Mehr, mehr!“, schrie Häwelmann, als er wieder auf dem Boden war; und dann blies er wieder seine Backen auf, und dann ging es wieder kopfüber und kopfunter. Es war ein großes Glück für den kleinen Häwelmann, dass es gerade Nacht war und die Erde auf dem Kopf stand; sonst hätte er doch gar zu leicht den Hals brechen können.

Als er dreimal die Reise gemacht hatte, guckte der Mond ihm plötzlich ins Gesicht. „Junge“, sagte er, „hast du noch nicht genug?“ – „Nein“, schrie Häwelmann, „mehr, mehr! Mach mir die Tür auf! Ich will durch die Stadt fahren; alle Menschen sollen mich fahren sehen.“ – „Das kann ich nicht“, sagte der gute Mond; aber er ließ einen langen Strahl durch das Schlüsselloch fallen; und darauf fuhr der kleine Häwelmann zum Hause hinaus.

Auf der Straße war es ganz still und einsam. Die hohen Häuser standen im hellen Mondschein und glotzten mit ihren schwarzen Fenstern recht dumm in die Stadt hinaus; aber die Menschen waren nirgends zu sehen. Es rasselte recht, als der kleine Häwelmann in seinem Rollenbette über das Straßenpflaster fuhr; und der gute Mond ging immer neben ihm und leuchtete. So fuhren sie Straßen aus, Straßen ein; aber die Menschen waren nirgends zu sehen. Als sie bei der Kirche vorbeikamen, da krähte auf einmal der große goldene Hahn auf dem Glockenturme. Sie hielten still. „Was machst du da?", rief der kleine Häwelmann hinauf. – „Ich krähe zum ersten Mal!", rief der goldene Hahn herunter. – „Wo sind denn die Menschen?", rief der kleine Häwelmann hinauf. – „Die schlafen", rief der goldene Hahn herunter, „wenn ich zum dritten Mal krähe, dann wacht der erste Mensch auf." – „Das dauert mir zu lange", sagte Häwelmann, „ich will in den Wald fahren, alle Tiere sollen mich fahren sehen!" – „Junge", sagte der gute alte Mond, „hast du noch nicht genug?" – „Nein", schrie Häwelmann, „mehr, mehr! Leuchte, alter Mond, leuchte!" Und damit blies er die Backen auf, und der gute alte Mond leuchtete, und so fuhren sie zum Stadttor hinaus und übers Feld und in den dunkeln Wald hinein. Der gute Mond hatte große Mühe, zwischen den vielen Bäumen durchzukommen; mitunter war er ein ganzes Stück zurück, aber er holte den kleinen Häwelmann doch immer wieder ein.

Im Walde war es still und einsam; die Tiere waren nicht zu sehen; weder die Hirsche noch die Hasen, auch nicht die kleinen Mäuse. So fuhren sie immer weiter, durch Tannen- und Buchenwälder, bergauf und bergab. Der gute Mond ging nebenher und leuchtete in alle Büsche; aber die Tiere waren nicht zu sehen; nur eine kleine Katze saß oben in einem Eichbaum und funkelte mit den Augen. Da hielten sie still. „Das ist der kleine Hinze!", sagte Häwelmann, „ich kenne ihn wohl; er will die Sterne nachmachen." Und als sie weiterfuhren, sprang die kleine Katze mit von Baum zu Baum. „Was machst du da?", rief der kleine Häwelmann hinauf. – „Ich illuminiere!", rief die kleine Katze herunter. – „Wo sind denn die andern Tiere?", rief der kleine Häwelmann hinauf. – „Die schlafen!", rief die kleine Katze herunter und sprang wieder einen Baum weiter; „horch nur, wie sie schnarchen!" – „So will ich in den Himmel fahren!", rief Häwelmann, „alle Sterne sollen mich fahren sehen!" – „Junge", sagte der gute alte Mond, „hast du noch nicht genug?" – „Nein", schrie Häwelmann, „mehr, mehr! Leuchte, alter Mond, leuchte!" Und dann blies er die Backen auf, und der gute alte Mond leuchtete; und so fuhren sie zum Walde hinaus und dann über die Heide bis ans Ende der Welt, und dann gerade in den Himmel hinein.

Hier war es lustig; alle Sterne waren wach und hatten die Augen auf und funkelten, dass der ganze Himmel blitzte. „Platz da!“, schrie Häwelmann und fuhr in den hellen Haufen hinein, dass die Sterne links und rechts vor Angst vom Himmel fielen. – „Junge“, sagte der gute alte Mond, „hast du noch nicht genug?“ – „Nein!“, schrie der kleine Häwelmann, „mehr, mehr!“, und – hast du nicht gesehen! fuhr er dem alten guten Mond quer über die Nase, dass er ganz dunkelbraun im Gesicht wurde. „Pfui!“, sagte der Mond und nieste dreimal, „alles mit Maßen!“, und damit putzte er seine Laterne aus, und alle Sterne machten die Augen zu. Da wurde es im ganzen Himmel auf einmal so dunkel, dass man es ordentlich mit Händen greifen konnte. „Leuchte, alter Mond, leuchte!“, schrie Häwelmann, aber der Mond war nirgends zu sehen und auch die Sterne nicht; sie waren schon alle zu Bett gegangen. Da fürchtete der kleine Häwelmann sich sehr, weil er so allein im Himmel war. Er nahm seine Hemdzipfelchen in die Hände und blies die Backen auf; aber er wusste weder aus noch ein, er fuhr kreuz und quer, hin und her, und niemand sah ihn fahren, weder die Menschen noch die Tiere noch auch die lieben Sterne.

Da guckte endlich unten, ganz unten am Himmelsrande ein rotes rundes Gesicht zu ihm herauf, und der kleine Häwelmann meinte, der Mond sei wieder aufgegangen. „Leuchte, alter Mond, leuchte!“, rief er. Und dann blies er wieder die Backen auf und fuhr quer durch den ganzen Himmel und gerade darauf los. Es war aber die Sonne, die eben aus dem Meere heraufkam. „Junge“, rief sie und sah ihm mit ihren glühenden Augen ins Gesicht, „was machst du hier in meinem Himmel?“ Und – eins, zwei, drei! nahm sie den kleinen Häwelmann und warf ihn mitten in das große Wasser. Da konnte er schwimmen lernen.

Und dann?

Ja und dann? Weißt du nicht mehr? Wenn ich und du nicht gekommen wären und den kleinen Häwelmann in unser Boot genommen hätten, so hätte er doch leicht ertrinken können!

NACHWORT

Seit der Wiederentdeckung des Märchens in der deutschen Romantik hat sich auch die spätere „realistische“ Dichtung des 19. Jahrhunderts immer wieder in dieser Kunstform versucht.

In der vorliegenden Ausgabe sind die wenigen Märchen Storms mit den beiden schönsten aus verschiedenen Zeiten seines Schaffens vertreten.

Das 1849 entstandene Kindermärchen „Der kleine Häwelmann“ gehört in die Frühzeit des noch in Husum als Rechtsanwalt amtierenden Dichters und mag nicht ohne die Erfahrungen des jungen Vaters mit den eigenen Kindern entstanden sein.

„Die Regentrude“ ist ein Märchen für die Jugend und für Erwachsene aus den glücklichen Jahren, die Storm mit seiner Familie in Heiligenstadt im Eichsfeld verlebte, nachdem die Vereinigung Schleswig-Holsteins mit Dänemark im Jahre 1851 für Storm eine weitere Tätigkeit in seiner Vaterstadt Husum ausschloss. Über die Entstehung dieses „Mittsommermärchens“ berichtet Storm im Dezember 1863 in einem Brief an seine Eltern: „Vermöge eines seltsamen Widerspruches in der menschlichen Natur werde ich jetzt, wo ich wie niemals durch unsere schleswigholsteinischen Verhältnisse aufgeregt bin, durch unabweisbaren Drang zur Märchendichtung getrieben.“

Ausgaben und Textgestaltung

„Die Regentrude“ ist 1864 zuerst in der „Leipziger Illustrierten Zeitung“ erschienen unter dem Titel „Die Regentrude. Ein Mittsommermärchen von Theodor Storm“. Mit den 1866 von Mauke Söhne in Hamburg verlegten „Drei Märchen“ liegt die erste Buchausgabe vor; die zweite Auflage von 1873 trägt den veränderten Titel „Geschichten aus der Tonne“. „Märchen“ sind jetzt nicht mehr zeitgemäß.

„Der kleine Häwelmann“ erschien zuerst in Biernatzkis „Volksbuch auf das Jahr 1850“; der zweite Druck liegt vor in den „Sommergeschichten und Liedern“ des Jahres 1851.

Die Texte unserer Ausgabe haben wir hergestellt nach der kritischen Ausgabe von Storms „Sämtlichen Werken“, die K. E. Laage und D. Lohmeier im Deutschen Klassiker Verlag (Frankfurt a. M. 1988) herausgegeben haben (Bd. 4). Sie wurden behutsam den neuen amtlichen Rechtschreibregeln angeglichen.

ANMERKUNGEN

Die Ziffern vor den Anmerkungen bezeichnen die Seiten.

Die Regentrude

3 *Meerschaumkopf.* Meerschaum: Kleinasiatische Tonerde, die beim Anrühren schäumt und aus der man Pfeifenköpfe schnitt.
Krontaler. Eine ursprünglich österreichische Silbermünze.
Funfzigjährig, Funfzig: besonders im 19. Jh. gebräuchliche Nebenform zu „fünfzig".

4 *Johanni.* Der Tag Johannes des Täufers (24. Juni).
Termin (lateinisch). Ziel, fester Zeitpunkt.
Gerichtshalter. Früher war der Gutsherr zugleich Gerichtsherr. Später bestellte der Staat auf Vorschlag des Gutsherrn einen Gerichtshalter, der das Gericht verwaltete.
Scheuer. Scheune.

5 *Schulze.* Gemeindevorsteher.
Hinterhaltig. Nebenform zu: hinterhältig.

6 *Estrich.* Steinfußboden eines Zimmers.
Kreatur (lateinisch). Geschöpf.
Siech. Krank.

7 *Wasserzuber.* Zuber: großes Gefäß, ursprünglich aus Holz, mit zwei Handgriffen.
Rain. Ackergrenze oder Gemeindeweide.
Riesenhügel. Hünengrab.
Krepieren (italienisch). Sterben, „verrecken", bersten.
Zwergenloch. Eingang ins Hünengrab.
Knorpsig. Knorzig oder knorrig.

9 *Wassertracht.* Hölzernes Schulterjoch mit Ketten zum Tragen von zwei Eimern.
Kobold. Ursprünglich: häuslicher Schutzgeist. Später: neckischer Hausgeist.

11 *Eckeneckepenn.* Eine Figur dieses Namens kommt vor in der bekannten Sammlung „Sagen, Märchen und Lieder der Herzogtümer Schleswig, Holstein und Lauenburg", herausgegeben von Karl Müllenhoff, Kiel 1845.
Alkoven. In die Wand eingelassene Bettstelle, die gegen das Wohnzimmer durch Schiebetüren oder Vorhänge verschließbar ist.
Pläsier (französisch). Vergnügen, Spaß.
Warmbier. Biersuppe, die früher in Schleswig-Holstein als Frühkost genossen wurde.

12 *Met.* Getränk aus gegorenem Honig.
Dorfmark. Das Gemeindeeigentum an Grund und Boden.

18 *Fronte* (lateinisch). Stirnseite, Vorderseite.
Nachen. Kahn.

19 *Iris.* Schwertlilie.

23 *fürder.* Veraltet für: von jetzt an, künftig.

25 *Bruushahn.* Kampfläufer; eine Schnepfenart; das Männchen trägt einen farbigen Federkragen.

26 *etwan.* Veraltet für: vielleicht, gar.
Kantor (lateinisch). Ursprünglich „Vorsänger“, Leiter der Kirchenmusik und später auch Dorfschullehrer.

Der kleine Häwelmann

27 *Possierlich.* Spaßhaft, lächerlich (von Posse).
28 *Illuminieren* (lateinisch, französisch). Festlich beleuchten, leuchten.